Susanne Angulo • Illustrationen: Kerstin Hlawa

schubi

Moff und der Wind

Wiesenwusels Lautbilderbuch zum Laut F

CH-8207 Schaffhausen
service@schubi.com
www.schubi.com

1. Auflage 2014

ISBN 978-3-86723-453-5

No 132 04

MIX
Papier aus verantwortungsvollen Quellen
FSC® C110508

Wiesenwusel,
das Wiesenmännlein, begleitet Moff, den Biber, durch die Geschichte. Die Erlebnisse von Moff unterstützen das Kennenlernen des Lautes **F**.

Es ist Herbst und die Biberfamilie, die fast den ganzen Tag geschlafen hat, ist heute besonders früh unterwegs. Die Bibereltern fällen schon eifrig Bäume, um ihre Biberburg mit Ästen und Baumstämmen zu vergrößern. Vor ihrem Bau hat sich das Flusswasser bereits zu einem künstlichen kleinen Weiher gestaut.

Am Ufer des Weihers tummeln sich die Vierlinge der Familie Biber. Sie genießen den warmen Herbstwind, der ihnen sanft ins Fell bläst.

Und wer versteckt sich am Ufer und beobachtet die Biberfamilie?

An diesem Abend kommen Wiesenwusel, der Wiesenhüter, und sein Freund Herr Dulo, der Mäuserich, zu Besuch.

„Die Vierlinge sehen alle gleich aus!“, jammert Herr Dulo „Nie kann ich sie auseinanderhalten.“

Wiesenwusel erklärt geduldig: „Schau, Fim ist der Größte und hat riesige Füße. Er schwimmt im Weiher auf dem Rücken und genießt die Ruhe.

Taffi und Tiffa, die beiden Bibermädchen mit dem hellen Fell, spielen am Ufer im Schilf Verstecken. Hey, Tiffa hat uns entdeckt und schaut mit ihren hellblauen Augen zu uns her.

Und da ist noch Moff, der kleinste Biber mit den längsten Fingern. Er jagt schon wieder einen Fisch.

Am Weiher angekommen, setzt sich Wiesenwusel auf einen Baumstamm. „Fim, Tiffa, Taffi, Moff! Essen kommen!“ ruft die Bibermama.

Die ganze Familie versammelt sich am Ufer des Weihers und alle nagen mit ihren großen scharfen Nagezähnen an Schilfblättern und Baumrinden. „Hm, das ist das beste Essen“, brummeln die Vierlinge schmatzend. Tiffa und Taffi nehmen kleine Äste und knabbern sie in der Mitte solange rundherum ab, bis nur noch eine nadeldünne Stelle übrig bleibt.

Nach dem leckeren Essen ruht sich die Biberfamilie aus. Faul liegt Moff auf dem Rücken unter einem Baum und schließt die Augen.

Direkt über ihm sitzt ein hübscher Vogel im Baum, der sein prächtiges Federkleid putzt. Dabei zupft er sich eine Feder heraus, die langsam zu Boden segelt.

Da landet die Feder genau auf Moffs Unterlippe. Erschrocken bläst Moff das kitzelige Ding weg: „**Fff!**“, und die Feder wirbelt wild durch die Luft. „Das klingt ja wie der Herbstwind, **fff!**“, bemerkt Moff.

Kannst du auch blasen wie der Wind?

Plötzlich nimmt ein Windstoß die Feder mit auf das Wasser, und auf dem Weiher bilden sich kleine Wellen. „Wellen machen, das kann ich auch!“, behauptet Moff und pustet mit aller Kraft durch einen Halm, den er aus dem Schilf herausgebrochen hat, ins Wasser. Doch es entstehen keine Wellen, sondern nur kleine Blasen.

Wiesenwusel lacht: „Wartet, ich habe eine Idee! Ich komme gleich wieder!“ Der Mäuserich, Herr Dulo, stöhnt: „Ja, ja, wenn Menschenkinder schlafen gehen, wird Familie Biber munter!“

Als Wiesenwusel wiederkommt, hat er seine Wuseltasche mitgebracht. Er holt ein Glas, einen Löffel und Seife heraus, schöpft Wasser aus dem Weiher und stellt Wuselwasser her.

Begeistert blubbern die Vierlinge mit den Halmen aus Schilf im Seifenwasser und riesige farbige Blasen entstehen.

Nach einer Weile ruft Wiesenwusel die Vierlinge zu sich und zieht für jedes Biberkind ein Schiff aus Papier aus seiner Wuseltasche. Er hat die Schiffe aus altem bunten Briefpapier gefaltet.

Jedes Schiff hat eine andere Farbe. Zusammen leuchten sie wie die bunten Herbstblätter.

Die Vierlinge staunen: „Wir müssen die Schiffe gleich im Weiher schwimmen lassen!“

Wiesenwusel, dem inzwischen in der kühlen Vollmondnacht kalt geworden ist, verabschiedet sich, während die Biberkinder vorsichtig die Schiffe auf das Wasser setzen. Jedoch weht kein Wind mehr, der die Schiffe antreiben könnte.

Enttäuscht murmelt Moff: „Wo bleibt der Wind?“ Fim zuckt mit den Schultern: „Vielleicht schläft der Herbstwind in der Höhle oben in dem großen Felsen, wo der Wasserfall beginnt. Dort habe ich ihn oft heulen hören, bevor er zum Sturm wurde.“

„Ich will den Wind wecken!“, ruft Moff.

„Ach, lassen wir den Wind schlafen!“, meint Fim, „Blasen wir selbst wie der Wind und treiben die Schiffe an. Wer zuerst mit seinem Schiff am anderen Ufer des Weihers ankommt, hat gewonnen.

Gesagt, getan. Die Vierlinge rutschen ins Wasser und pusten wild drauf los, **fff, fff!** Moff macht sich einen Spaß daraus und bläst mit seinem eigenen Namen: „**Moff**..., **Moff**...“. Na so ein Glück, sein Schiff schwimmt am schnellsten ans andere Ufer.

Moff, der flink ans Ufer geklettert ist, wartet nicht auf seine Geschwister. „Wo bleibt der Wind, der mir schon so oft das Fell getrocknet hat?“, ruft er ungeduldig. „Ich werde ihn jetzt wecken gehen!“

Doch als sich der kleine Biber auf den Weg zum großen Felsen machen will, entdeckt er auf seinem Fuß ein merkwürdiges, kleines Tier mit tausend Füßen.

„Ich bin Moff.“, stellt er sich vor. „Mein Name endet wie das Blasen des Windes, **fff...!**“ Und er bläst dem Tausendfüßler direkt in die vielen Füße: „**Fff...!**“

Der arme Tausendfüßler weiß nicht wie ihm geschieht. So viele seiner Füße flattern im Wind, dass er durch die Luft wirbelt.

Moff ist überrascht von seiner Pustekraft. Das muss er gleich noch einmal ausprobieren.

Vorsichtig schleicht er sich an einen Käfer heran, der auf einem Schilfrohr seine Fühler putzt, und sagt: „Ich bin Moff..., mein Name endet wie das Blasen des Windes! Und ich kann pusten wie der Wind!“

„**Fff...!**“, bläst er den Käfer an. Der Arme erschrickt. Er versucht sich am Schilf festzukrallen, aber er weht einfach davon.

Begeistert läuft Moff weiter zum großen Felsen und wäre beinahe über einen Erdhügel auf der Wiese gestolpert. Er dreht sich um und sieht, wie ein kleiner Maulwurf Erde auftürmt und der Hügel immer größer wird.

Er hockt sich vor den Maulwurf und tippt ihn an: „Ich bin **Moff**..., mein Name endet wie das Blasen des Windes! Und ich bin so stark wie der Wind!“

Moff holt tief Luft und bläst dem Maulwurf mit aller Kraft auf die Nasenspitze: „**Fff...!**“ Bevor der Maulwurf erzählen kann, dass auch sein Name mit dem Klang des Windes endet, muss er so heftig niesen, dass er rückwärts den Maulwurfshügel hinunterpurzelt.

Moff stolziert weiter und trifft einen Schäferhund, der ein kleines, verlorengegangenes Schaf zurück zu seiner Mutter treibt.

Das Biberkind fühlt sich sehr stark und wagt es, den Schäferhund anzusprechen: „Ich bin Moff..., mein Name endet wie das Blasen des Windes! Und ich bin so mächtig wie der Wind!“

Der Schäferhund bellt ihn an: „Wuff, wuff! Der Wind kann Bäume fällen, aber das schaffst du nie!“ „Und ob ich das kann, ich beweise es dir!“ erwidert Moff empört.

Eifrig beginnt Moff an einem dünnen Baumstamm ganz in seiner Nähe zu nagen, bis der Baum gefällt ist.

Aber der Schäferhund hat sich schon längst auf der Koppel zu seinen Schafen gelegt. Für so einen Unsinn hat er keine Zeit.

Moff zieht unbeirrt weiter, kommt zum großen Felsen und klettert hinauf. Oben findet er den Eingang der Höhle neben der Stelle, an der der Wasserfall über die Felskante springt und ruft hinein: „Hallo Wind, wach auf geschwind! Ich bin Moff..., der Biber. Mein Name endet wie dein Blasen, fff...! Hörst du mich? Ich bin so stark wie du!“

Aus dem Dunkeln der Höhle leuchten zwei grüne Augen und eine tiefe Stimme erwidert: „Auch mein Name endet wie das Blasen des Windes, fff...! Aber ich bin stärker als du. Ich kann sogar lauter heulen als der Wind!“

„Wer bist du?“, ruft Moff ängstlich in die Höhle hinein, „dass du lauter heulen kannst als der Wind?“

Da zeigt sich der Wolf dem Biber und heult in die Nacht hinein: „Auuuhuh! Auuuhuh!“

Moff erschrickt, dreht sich um, springt den Wasserfall hinunter und landet mitten im Fluss – weit ab von dem Weiher und der Biberburg.

Blitzschnell schwimmt er ans Ufer. Ängstlich schaut er sich um und erblickt in der Ferne einen hellen Schein. Erleichtert atmet er auf: „Das könnte Wiesenwusels Feuer sein!“

Mit klopfendem Herzen eilt er auf das Licht zu. Welch Überraschung! Nicht nur Wiesenwusel, auch Fim, Tiffa und Taffi sitzen gemütlich am Feuer.

Sie essen leckere Waffeln, die Wiesenwusel in seinem Ofen gebacken hat. Dazu trinken sie den köstlichen roten Saft, den das Wiesenmännlein im Sommer aus den Kirschen gemacht hat und den er in seinem großen Fass lagert.

Alle freuen sich, Moff zu sehen. „Setz dich her zu uns, iss von den leckeren Waffeln und koste den süßen Saft. Und dann erzähl uns, wo du herkommst.“

Oder willst du erzählen, während der kleine Biber sein Essen genießt?

Endlich berichtet Moff von seinem Abenteuer und vom Wind, den er nicht wecken konnte und alle hören gespannt zu.

Wiesenwusel schmunzelt: „Aber Moff..., den Wind kannst du nicht finden und wecken. Du kannst nur sehen, wie der Wind im Herbst die bunten Blätter vom Baum weht. Du kannst den Wind in deinem Fell spüren und hören, wie der Wind weht, bläst, saust, heult und manchmal auch durch die Felsritzen pfeift, fff...

Die ganze Nacht reden sie über den Wind, über die Tiere und Dinge, die den Klang des Windes im Namen haben. Sogar in Wiesenwusels Stiefel hören sie in der Mitte des Wortes ein leises Wehen.

Und was siehst du hier, wo du im Wort das Blasen des Windes hören kannst?

Noch bevor der Vollmond am Horizont ganz verschwindet, gehen die vier Biberkinder nach Hause.

Es ist eine sternenklare Herbstnacht gewesen und die Luft am Morgen fühlt sich heute besonders kalt an. Und mit den ersten Schneeflocken kündigt sich der Winter an.